Prefacio: Ysgol y Cwm

¡Bienvenidos a nuestro libro de cocina! Aquí encontrarán las recetas preferidas de algunos alumnos de Ysgol y Cwm, la nueva escuela bilingüe galés-castellano de Trevelin, Chubut, Argentina. El establecimiento educativo abrió sus puertas (luego de más de un año piloto) el 9 de marzo de 2016 para recibir al primer grupo de nivel inicial. La escuela está proyectada para llegar a enseñar a un total aproximado de 200 alumnos entre nivel inicial y primario. **Al comprar este recetario usted está colaborando con nuestra escuela, por lo que le agradecemos de corazón por su gran ayuda.**

Me presento, soy una de las profesoras de idioma galés de Ysgol y Cwm y además tengo el privilegio de estar a cargo del taller de cocina para niños. ¡Los alumnos visten sus sombreros de cocineritos cada lunes por la tarde para disfrutar juntos y hacer un poco de enchastre también! Lo más importante es que ésta es una forma muy divertida para aprender y usar el idioma galés. ¿Quién sabe? En una de esas, uno de nuestros alumnos se transforme en un chef famoso el día de mañana.

Sin dar más vueltas, veamos cuáles son las exquisiteces que tenemos para compartir. Vamos a empezar con una receta especial. Torta de zanahorias, una de las tortas preferidas por los galeses, y en especial preferida por mí, mi esposo Isaías y mi hijo Llewelyn! Ésta es la receta de la nonna Lili, la abuela argentina de mi hijo:

Receta preferida de Nonna Lili

3 tazas – zanahoria rallada
4 – huevos
1 taza – aceite
2 tazas – harina
2 cditas – canela
2 cditas – polvo para hornear
1 cdita sal
1 taza – azúcar blanca
1 taza – azúcar negra
½ taza – nueces
½ taza – pasas

Mezclar todas las ingredientes, enmantecar y enharinar una fuente de horno profunda, verter toda la mezcla en la misma y llevar a horno moderado por 30/40 minutos. Luego de retirar del horno, dejar enfriar, mezclar bien 125g de queso Philadelphia con 1 cda de manteca y 2 cdas de azúcar impalpable, exparsir sobre la torta y agregar nueces si es de preferencia.

Muchas gracias por su apoyo,
que Dios lo/a bendiga mucho, Eluned Owena Grandis.
Editado por Eirian Jones
Diseñado por Owain Hammonds

Dyrnaid o ffydd,
Tomen o gefnogaeth,
Llond whilber o barch,
Digonedd o waith tîm,
Llond gwlad o frwdfrydedd.

Pob dymuniad da i Ysgol y Cwm – 'Mewn undod mae nerth!'

Isaías, Eluned a Llewelyn, Mawrth 2016

Hoff rysáit Valentina a'i thad – Pitsa

Receta preferida de Valentina – Pizza

Cynhwysion:
1 cilo – blawd
500ml – dŵr
125ml – olew
25g – burum
35g – halen
10g – siwgr
250g – mozzarella
Hanner cwpanaid o saws tomato

Ingredientes:
1 kilo – harina
500cc – agua
125cc – aceite
25g – levadura
35g – sâl
10g – azúcar
250g – mozzarella
Media taza salsa de tomate

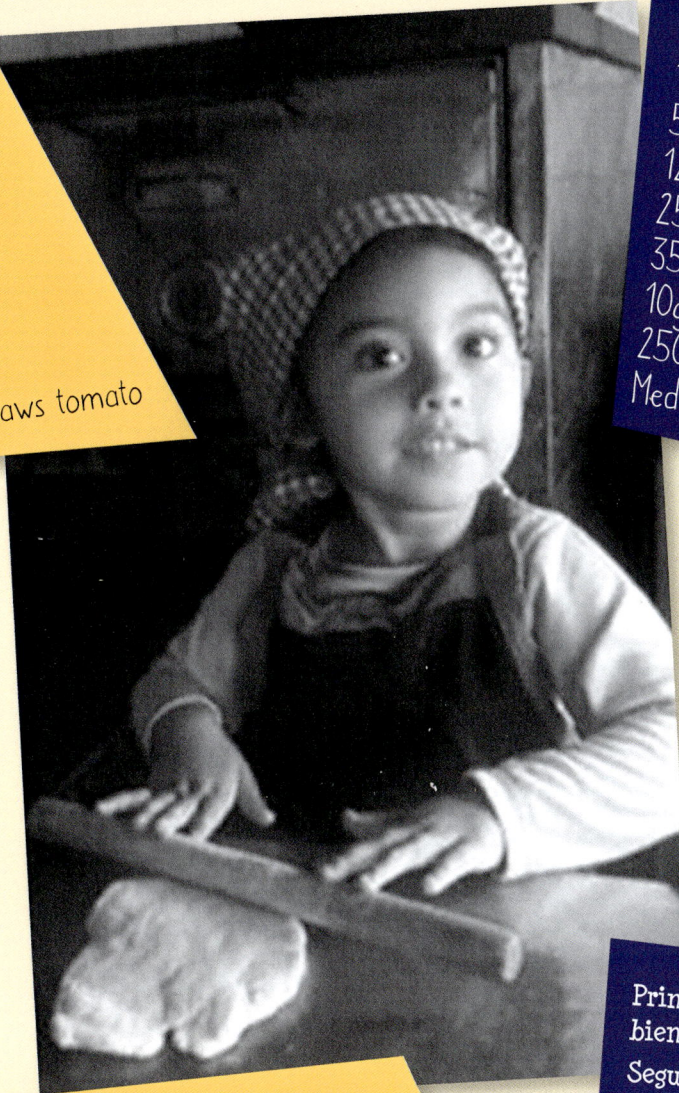

Yn gyntaf rydyn ni'n cymysgu'r blawd a'r halen mewn powlen.
Rhaid cymysgu'n dda.
Yn ail rydyn ni'n ychwanegu'r dŵr, yr olew, y burum a'r siwgr.
Yn drydydd, rydyn ni'n cymysgu'r toes yn dda ac yn ei ymestyn
dros y ddysgl pitsa ac yna'i adael am 5 munud i godi.
I orffen, rydyn ni'n rhoi saws tomato ar ben y toes ac yna mozzarella
wedi'i dorri'n ddarnau.
Yna rhaid coginio'r pitsa mewn popty ar dymheredd cymedrol.
Dyna ni!!!
☺

Primero en un bowl mezclamos
bien la harina con la sal.
Segundo agregamos el agua, el
aceite, la levadura y el azúcar.
Tercero, mezclamos bastante
dicha preparación y estiramos
la masa sobre fuente pizzera, y
dejamos levar 5 minutos.
Por último sobre la masa
estirada ponemos la salsa de
tomate y posteriormente la
mozzarella cortada en trozos.
Cocinar a temperatura media y
listo!!!
☺

Hoff rysáit Camila – Ñoquis tatws (i 4 person)

Receta preferida de Camila – Ñoquis de papas (4 personas)

Cynhwysion:
4 – taten
1 – wy
½ cilo – blawd
½ cilo – mins
1 – tun tomato
1 – winwnsyn
1 – ewin garlleg
Pupur a halen
Olew

Ingredientes:
4 – papas medianas
1 – huevo
½ kilo – harina
½ kilo – carne picada
1 – lata de tomate perita
1 – cebolla
1 – diente de ajo
Condimentos y sal
Aceite para rehogar

Berwch y tatws ac yna'u stwnsio, ychwanegwch yr wy wedi'i guro, halen, pupur ac ychydig o gaws wedi'i gratio os ydych yn dymuno.

Cymysgwch y cyfan ac ychwanegwch y blawd.

Gwnewch does ond peidiwch tylino llawer.

Gwnewch rholen fach a'i thorri'n ddarnau tuag un centimetr o faint.

Berwch nhw sydag ychydig o halen nes eu bod yn codi i'r wyneb.

Saws – ffriwch y winwns a'r garlleg nes yn frown euraid, ychwanegwch y mins, y tomatos tun wedi'u torri'n fân a phupur a halen. Coginiwch am 30 munud.

Gweinwch y ñoquis gyda'r saws. A mwynhewch!

Hervir las papas, pisarlas, agregar el huevo batido, sal, pimienta y si se desea un poco de queso rallado.

Unir y agregar la harina.

Formar una masa sin amasar mucho.

Hacer cilindros y cortarlos aproximadamente de un centímetro.

Cocinarlos en agua hirviendo con sal, hasta que suban a la superficie.

Salsa – Rehogar la cebolla con el ajo, hasta dorar, agregar la carne picada, el tomate perita picado, condimentar a gusto. Cocinar por 30 minutos.

Con ella salsear los ñoquis.
¡Y a disfrutar!

Hoff rysáit Clara (dosbarth 3) – Polenta gyda chaws hufen

Receta preferida de Clara (sala de 3) – Polenta con queso cremoso

Cynhwysion:
1 cwpanaid – polenta
1 cwpanaid – stoc
2 gwpanaid – llaeth
6 llwy fwrdd – caws wedi'i gratio
300g – caws meddal
1½ llwy fwrdd – blawd
5/6 llwy fwrdd – saws tomato
Halen
Pupur

Ingredientes:
1 taza – polenta de cocción rápida
1 taza – caldo
2 tazas – leche
6 cdas – queso rallado
300g – queso cremoso
1 ½ cda – harina
5 / 6 cdas – salsa de tomate
Sal
Pimienta

Cymysgwch y polenta gyda'r stoc a'r llaeth.
Coginiwch dros wres isel gan ei droi, nes bod y cymysgedd yn troi'n hufennog.
Tynnwch oddi ar y gwres ac ychwanegwch y caws wedi'i gratio.
Ychwanegwch halen a phupur.
Arllwyswch hanner y polenta wedi'i goginio mewn dysgl bobi 22 cm wedi'i hiro.
Gadewch i oeri.
Torrwch y caws hufen yn stribedi.
Cadwch 50g naill ochr a rhowch y gweddill yn y blawd.
Rhowch y caws efo blawd arno dros y polenta oer.
Gorchuddiwch y caws gyda hanner arall y polenta.
Arllwyswch y saws tomato dros y cyfan.

Mezclar la polenta con el caldo y la leche.
Cocinar a fuego bajo, removiendo, hasta que la preparación resulte cremosa.
Retirar del fuego y agregar el queso rallado.
Salpimentar a gusto.
Verter la mitad de la polenta cocida en una fuente para horno de 22 cm enmantecada.
Dejar enfriar completamente.
Cortar el queso cremoso en tiras.
Reservar 50g y pasar el resto por harina.
Acomodar el queso enharinado sobre la polenta fría.
Cubrir el queso con la otra mitad de polenta.
Distribuir sobre la superficie la salsa de tomate.

Hoff rysáit Ciro – Pitsa Nain

Receta preferida de Ciro – Pizza de la Abuela

Cynhwysion:
2 gwpanaid – blawd
¼ – burum
Halen
Tomatos
Winwnsyn
Caws

Ingredientes:
2 tazas – harina 0000
¼ – levadura
Sal
Tomates
Cebolla
Queso

Rhowch y burum mewn cwpan o ddŵr cynnes gyda llond llwy de o siwgr a'i adael am 2o munud. Ychwanegwch y blawd a phinsiad o halen at y dŵr gyda'r burum a chymysgu'r cyfan. Os oes angen, ychwanegwch ddŵr hyd nes bod modd ei drin (peidiwch â'i adael i fynd yn rhy galed). Tylino â llaw wedyn, nid gyda phin rholio o swbl! Gadewch y belen o does wedi'i gorchuddio â lliain sychu llestri llaith wrth ochr neu'n agos at stof am 2o munud.

Y saws: Torrwch y winwnsyn a'i ffrio mewn ychydig o olew. Tynnwch groen y tomatos i ffwrdd a'u stwnsio gyda fforc cyn ychwanegu'r winwnsyn ac ychydig o halen. Cymerwch ddarn o'r toes a thylinwch yn uniongyrchol yn y tun pitsa. Mae'n cael ei goginio gyda'r saws ar ei ben. Ar ôl ychydig funudau, ychwanegwch y caws.
A voila!

Poner la levadura dentro de una taza con agua tibia y una cucharadita de azúcar por 2o minutos. En un bowl poner la harina con una pizca de sal sobre el agua con la levadura y empezar a mezclar. Si es necesario, agregar agua, hasta que quede manejable (no muy dura). Se amasa con la mano, no con palo en ningún momento.

Dejar el bollo por 2o minutos tapado con un trapo húmedo al lado o cerca de la hornalla prendida.

La salsa: Cortar la cebolla y rehogar un poquito en aceite. Pelar los tomates y con un tenedor pisar. Juntar la cebolla con los tomates pisados y poner un poquito de sal. Estirar con la mano un pedazo de bollo directamente en la pizzera. Poner al horno todo junto con la salsa.

Luego de unos minutos poner el queso.
¡Y listo!

Hoff rysáit Vicente a Luján – Polenta gyda selsig

Cynhwysion:
500g – blawd corn/polenta
1 – stoc llysiau
3 llwy fwrdd – llaeth powdwr
1 – ewin garlleg
1 – winwnsyn
½ – pupryn melys coch
1 – moronen
1 – piwrî tomato
6 – selsig Almaenaidd neu selsig barbeciw
200g – caws ffres

Receta preferida de Vicente y Luján – Polenta con salchichas

Ingredientes:
500 g – harina de maíz
1 – caldo de verdura
3 cucharadas soperas
 – leche en polvo
1 – diente de ajo
1 – cebolla
½ – morrón rojo
1 – zanahoria
1 – puré de tomate
6 – salchichas de Viena
 o 1 salchicha parrillera
200g – queso fresco

Rhowch ychydig o olew mewn sosban ac yna ychwanegwch winwnsyn wedi'i dorri a garlleg a'u coginio dros wres isel nes yn frown euraid. Yna ychwanegwch y pupryn a'r moron a gadael popeth am ychydig funudau.

Ychwanegwch y piwrî tomato ac ychydig bach o halen, pupur, oregano a chwmin. Ychwanegwch y selsig wedi'u torri'n ddarnau a choginiwch y cyfan am o leiaf 30 munud.

Mewn crochan ar wahân rhowch 1 litr o ddŵr a'r stoc llysiau, a gadewch iddo ferwi cyn ychwanegu'r llaeth. Gyda'r stoc a'r llaeth yn berwi, ychwanegwch y polenta tan ei fod yn weddol wlyb ac yna coginiwch am yr amser a nodir ar y pecyn.

Mewn dysgl rhowch haen o saws tomato, y polenta, caws wedi'i dorri a haen arall o bolenta cyn gorchuddio'r cyfan â'r saws tomato sy'n weddill. Rhowch fwy o gaws ffres/caws parmesan ar y top. Rhowch yn y popty am ychydig funudau nes yn frown.

En una olla colocar un chorrito de aceite, la cebolla picada junto con el ajo hasta dorar a fuego mínimo. Agregar el morrón picado y la zanahoria, rehogar todo durante unos minutos. Agregar el puré de tomate, condimentar con sal, pimienta, orégano y comino. Colocar las salchichas cortadas en dedales pequeños. Cocinar durante al menos 30 minutos.

En una olla aparte colocar 1 litro de agua y el caldito de verduras, llevar a hervir y agregar la leche. Con el contenido de la olla hirviendo agregar en forma de lluvia la polenta o harina de maíz hasta obtener una consistencia semi líquida, cocinar durante el tiempo indicado en el envase.

En una fuente colocar una capa de salsa de tomate, la polenta, daditos de queso fresco, otra capa de polenta y cubrir con el resto de la salsa de tomate, cubrir con trozos de queso fresco o parmesano. Colocar en horno por unos minutos hasta gratinar.

Hoff rysáit Sara – Ffyn bara (breadsticks) blas winwns

Receta favorita de Sara – Grisines artesanales de cebolla

Cynhwysion:
500g – blawd codi
225cc – dŵr
1 llwy de – halen
50g – margarîn (neu olew)
100g – winwns sych

Ingredientes:
500 g – harina leudante
225 cc – agua
1 cucharadita – sal
50 g – margarina (o aceite)
100g – cebolla deshidratada

Rhowch y cynhwysion sych (blawd, halen, winwns) mewn powlen, cymysgwch a gwnewch bant yn y canol cyn ychwanegu'r margarîn neu'r olew a'r dŵr a thylino nes bod y toes yn tynnu i ffwrdd oddi wrth ymylon y bowlen.

Rhowch ar fwrdd y gegin a'i dylino am ychydig funudau tan fod gennych does llyfn a meddal. Ymestynnwch y toes tan ei fod yn 2-3 cm o drwch a gadael iddo orffwys ar y bwrdd am 30 munud.

Yna, ymestynnwch y toes tan ei fod yn 1 i 2 cm o drwch a defnyddiwch gledrau'r dwylo i wneud stribedi tenau. Coginiwch mewn popty poeth am 15 munud. A mwynhewch!

Colocar los ingredientes secos (harina, sal, cebolla) en un recipiente, mezclar, ahuecar en el centro, agregar la margarina a temperatura ambiente o el aceite y el agua, amasar hasta que la masa se desprenda de los bordes del recipiente.

Colocar sobre la mezcla y amasar unos minutos hasta obtener una masa uniforme y suave, estirarla de 2 a 3 cm de espesor y dejarla descansar tapada sobre la mesada por 30 minutos.

Estirarla hasta que quede de 1 a 2 cm de espesor y cortar finas tiras, redondearlas con las palmas de las manos y acomodarlas. Cocinar en horno caliente por 15 minutos.
¡Y a disfrutar!

Hoff rysáit Clara (dosbarth 4/5) - Pitsa 'flank steak'

Receta favorita de Clara (sala de 4/5) - Matambre a la pizza

Cynhwysion:
Stecen ('flank steak')
Pecyn/jar o saws parod
   neu paratoi'r saws os dymunir
Sleisys Ham
Caws meddal neu gaws caled

Ingredientes:
Matambre
Paquete de 'salsa lista' de tomate
   o preparar la salsa si lo desean
Fetas de jamón, cantidad necesaria
Queso cremoso o barra, cantidad necesaria

Berwch y cig os dymunir.
Rhowch y cig mewn tun rhostio ac ychwanegwch halen i roi blas.
Coginiwch yn y popty hyd nes bod y gwaelod yn frown euraid.
Trowch i'r ochr arall ac ychwanegwch y saws tomato.
Rhowch yn ôl yn y popty nes ei fod wedi'i goginio fel yr ydych yn ei hoffi.
Rhowch yr ham ar y cig ac yna rhowch gaws ar ben yr ham.
Pobwch nes i'r caws doddi.
Blasus!

Hervir el matambre si lo desea.
Ponerlo en asadera para horno y agregarle sal a gusto.
Cocinar en horno máximo hasta que la parte de abajo esté dorada.
Darlo vuelta y agregar la salsa de tomate.
Llevarlo a horno hasta lograr la cocción deseada o el punto deseado de la carne.
Cubrir el matambre con fetas de jamón, y sobre el jamón, el queso.
Llevar al horno hasta derretir el queso.
¡Miam!

Hoff rysáit Clare, Cydlynydd Prosiect Dysgu Cymraeg yn y Wladfa – Teisen afal crymbl heb glwten

Receta favorita de Clare, Coordinadora Proyecto de la Enseñanza del idioma galés en Chubut – Torta Crumble de Manzana sin gluten

Ingredientes:
- 2 tazas – harina sin gluten
- 2 tazas – azúcar
- 100g – manteca
- hervir
- 1 taza – leche
- Canela
- 4 – manzanas (verdes) grandes

Cynhwysion:
- 2 gwpanaid – blawd heb glwten
- 2 gwpanaid – siwgr
- 100g – menyn
- 2 wy
- 1 cwpanaid – llaeth
- Sinamon
- 4 – afal mawr gwyrdd

Cymysgwch y blawd a'r siwgr. Torrwch y menyn yn sgwariau bach a'u rhwbio i mewn i'r blawd a'r siwgr tan i chi gael rhywbeth sydd yn edrych fel 'tywod'! Rhowch hanner y cymysgedd ar waelod dysgl sydd yn addas i'r ffwrn.

Pliciwch yr afalau a'u torri i ddarnau neu sleisys a'u gosod ar ben y cymysgedd yn y ddysgl. Rhowch sinamon gyda'r afalau os dymunwch.

Rhowch weddill y cymysgedd blawd dros yr afalau. Cymysgwch yr wyau a'r llaeth a'u harllwys dros yr afalau. Rhowch yn y ffwrn hyd nes bod y top yn lliw aur.

Mae'n bosib bwyta hwn yn gynnes gyda hufen neu hufen iâ neu yn oer, wedi'i dorri yn ddarnau gyda phaned.

Mezclar la harina y el azúcar. Cortar la manteca en cubitos y unirlos con la harina y el azúcar frotando con las manos hasta obtener una consistencia arenosa. Poner la mitad de esta mezcla en una bandeja para horno/asadera.

Cortar las manzanas en delgadas fetas y ponerlas sobre la masa en la asadera, agregar canela a gusto (o no). Agregar el resto de la masa arenosa sobre las manzanas. Mezclar los huevos con la leche y derramar la mezcla sobre las manzanas y el arenado. Llevar al horno hasta que se dore.

Se puede comer caliente con helado o frío acompañado de un té o café.

Hoff rysáit Mía – Melysion uwd

Receta preferida de Mía – Bombones de Avena

Mae un rysáit sy'n cael ei ddefnyddio dro ar ôl tro adre efo ni – melysion uwd blasus dros ben! Dyma'n rysáit:

Hay una receta que muy seguido se hace en casa – Bombones de Avena, son una bomba...pero riquísimos!!! Esta es nuestra receta.

Cynhwysion:
50g – menyn
1/2 cwpanaid – blawd cnau coco
1/2 cwpanaid – uwd
4 llwy fawr o jam llaeth

Ingredientes:
50 g de manteca
1/2 taza de cacao
1/2 taza de avena
4 cucharadas soperas de dulce de leche

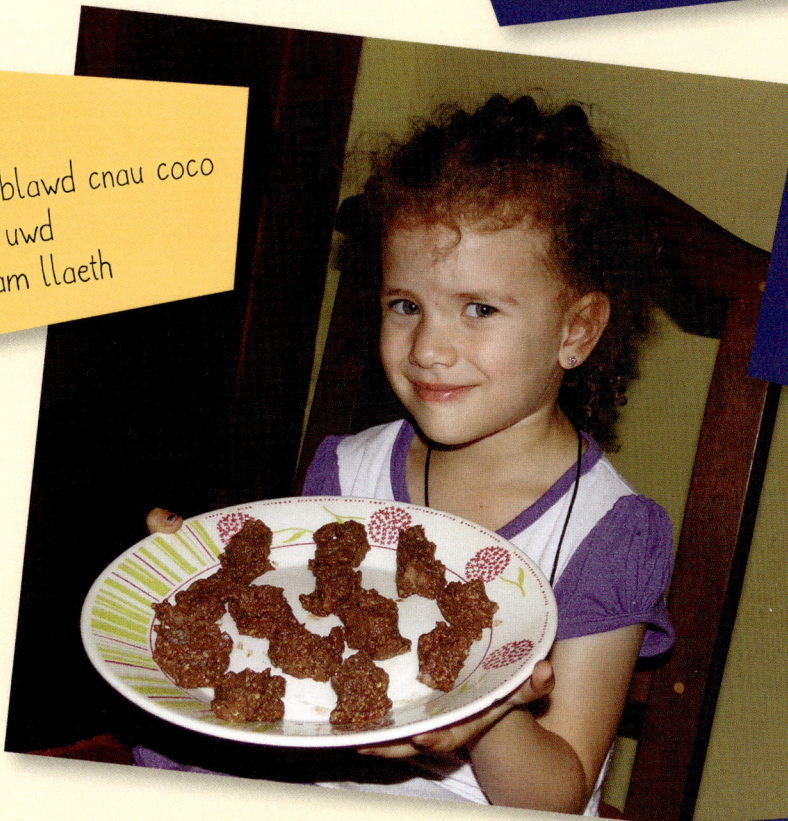

Rydyn ni'n cymysgu'r cynhwysion i gyd efo'i gilydd yn dda. Os ydy'r cymysgedd yn feddal iawn, rydyn ni'n ei roi'n yr oergell am rai munudau cyn mynd ati i wneud peli bach allan ohono ac yna'u rholio yn y blawd cnau coco. I orffen, rydyn ni'n rhoi'r melysion yn y rhewgell am ychydig i galedu. Gobeithio y byddwch yn rhoi cynnig arnyn nhw!

Sws,

Mamá, papá, Franco, Panchito a Mía.

Mezclamos todos los ingredientes muy bien. Si está muy blando, dejar reposar en la heladera unos minutos, luego formamos bolitas y podemos pasarlas por coco rallado o no, después para finalizar llevamos los bombones al freezer.

Espero que prueben hacerlos...
Un beso.

Mamá, papá, Franco, Panchito y Mía.

Hoff rysáit Genaro - Crempog

Receta preferida de Genaro - Panqueques

Bydd angen powlen, chwisg a phadell ffrïo fach.

Vas a necesitar un bowl (recipiente), batidor y una panquequera (sartén chica).

Cynhwysion:
(Mae yma ddigon i wneud tua 10 crempog)
1 – wy
1 cwpanaid – llaeth
Pinsiad o halen
Olew neu fenyn
Blawd codi yn ôl yr angen
Jam llaeth

Ingredientes:
(Estas cantidades alcanzan para hacer unos 10 panqueques).
Un huevo
Una taza de leche
Una pizca de sal
Aceite o manteca
Harina leudante cantidad necesaria.
Dulce de leche

Paratoi'r toes:
Torrwch yr wy a'i roi yn y bowlen gyda chwpanaid o laeth.
Ychwanegwch binsiad o halen ac ychwanegwch y blawd ychydig ar y tro.
PWYSIG: Ychwanegwch y blawd yn araf er mwyn peidio â rhoi gormod ac i osgoi cael lympiau yn y cymysgedd.
Cynheswch y badell ffrïo a thoddwch ychydig o fenyn neu olew ynddi.
Rhowch ychydig o'r cytew llyfn yng nghanol y badell ffrïo gan sicrhau ei fod yn gorchuddio'r gwaelod i gyd.
Trowch y crempog drosodd pan fydd swigod bach yn ymddangos neu pan fydd yn dechrau dod yn rhydd o'r ochrau. Trowch nhw gyda spatiwla. Gadewch iddynt goginio am lai o amser na'r ochr arall. Ewch ati i roi un ar ben y llall hyd nes bod y cytew wedi gorffen.
Maen nhw'n barod! Gallwch eu llenwi yn awr! Sut? Rhowch ddigon o jam llaeth ar y crempog ac yna'u rholio........ perffaith ar gyfer amser brecwast, te neu fel pwdin.

Preparación de la masa:
Romper el huevo y colocarlo en el bowl, agregar la taza de leche.
Agregar una pizca de sal e ir agregando gradualmente harina hasta obtener una pasta líquida.
IMPORTANTE: agregar lentamente la harina para no pasarse en la cantidad, ni se hagan grumos.
Poner a calentar la panquequera y agregar un trocito de manteca o un chorro de aceite.
Ahora con un cucharón pequeño agregar una medida de masa a la panquequera y rápidamente inclinarla hasta que la masa cubra el fondo de la panquequera.
Dar vuelta el panqueque cuando se seque la masa, muy ligeramente en los bordes, y/o formen burbujitas. Utilizar una espátula para dar vuelta los panqueques cómodamente. Dejar cocinar menos que el primer lado y retirarlo.
Ir apilando los panqueques en un plato a medida que se los va terminando.
Ya están todos listos! Ahora rellenarlos. ¿Cómo? Cubrir el panqueque con bastante dulce de leche y enrollarlo....ideales para el desayuno y/o la merienda, o también de postre.

Hoff rysáit Seren - Alfajores (bisgedi dwbl)

Receta preferida de Seren - Alfajores de Almidón de maíz

Cynhwysion:
1 cilo – blawd corn
400g – blawd 0000
400g – siwgr
600g – margarîn
60g – powdwr codi
5g – halen
450g – melynwy
200 – dŵr
Jam llaeth yn ôl yr angen
Blawd cnau coco yn ôl yr angen

Ingredientes:
1 kilo – almidón de maíz
400g – harina 0000
400 g – azúcar
600 g – margarina
60g – polvo para hornear
5g – sal
450g – yemas
200 cc – agua
Dulce de leche cantidad necesaria
Coco rallado cantidad necesaria

Cymysgwch y siwgr a'r margarîn yn dda hyd nes y bydd yn hufennog ac yna ychwanegwch y melynwy, yr halen a'r dŵr gan gymysgu eto.

Ychwanegwch y blawd wedi'i hidlo, y powdr codi a'r blawd corn. Cymysgwch ond peidiwch â thylino.

Rhowch yn yr oergell am 2 awr, ac yna defnyddiwch bin rholio i rolio'r toes tan ei fod yn 1cm o drwch. Torrwch yn gylchoedd gyda thorrwr crwst/bisgedi.

Rhowch ychydig o fenyn i iro'r tun a phobwch y bisgedi am tua 15/20 munud ar dymheredd o 180°.

Yna ar ôl iddynt oeri, llenwch nhw â jam llaeth ac addurno'r ymylon gyda blawd cnau coco.

Preparación:
Colocar en la batidora el azúcar y la margarina, mezclar bien hasta obtener una crema, agregar las yemas, la sal y el agua y seguir batiendo.

Agregar previamente tamizados la harina, el polvo de hornear y el almidón de maíz. Unir sin amasar.

Dejar reposar en la heladera por 2 horas, luego estirar con palote hasta 1 cm de espesor, cortar con un molde redondo. Estibar en placas enmantecadas.

Cocinar a 180° entre 15/20 minutos aproximadamente.

Luego una vez fríos, rellenar con el dulce de leche y untar los bordes con coco rallado.

Hoff rysáit Jane-Ann - Brownis

Receta preferida de Jane-Ann - Brownies

Cynhwysion:
2 neu 3 wy
240g – siwgr
150g – siocled o ansawdd da
120g – menyn
75g – blawd
125g – cnau / cnau almon
   (neu ddim byd)

Ingredientes:
2 o 3 huevos
240 g – azúcar
150 g – chocolate águila
120 g – manteca
75 g – harina
125 g – nueces / almendras (o nada)

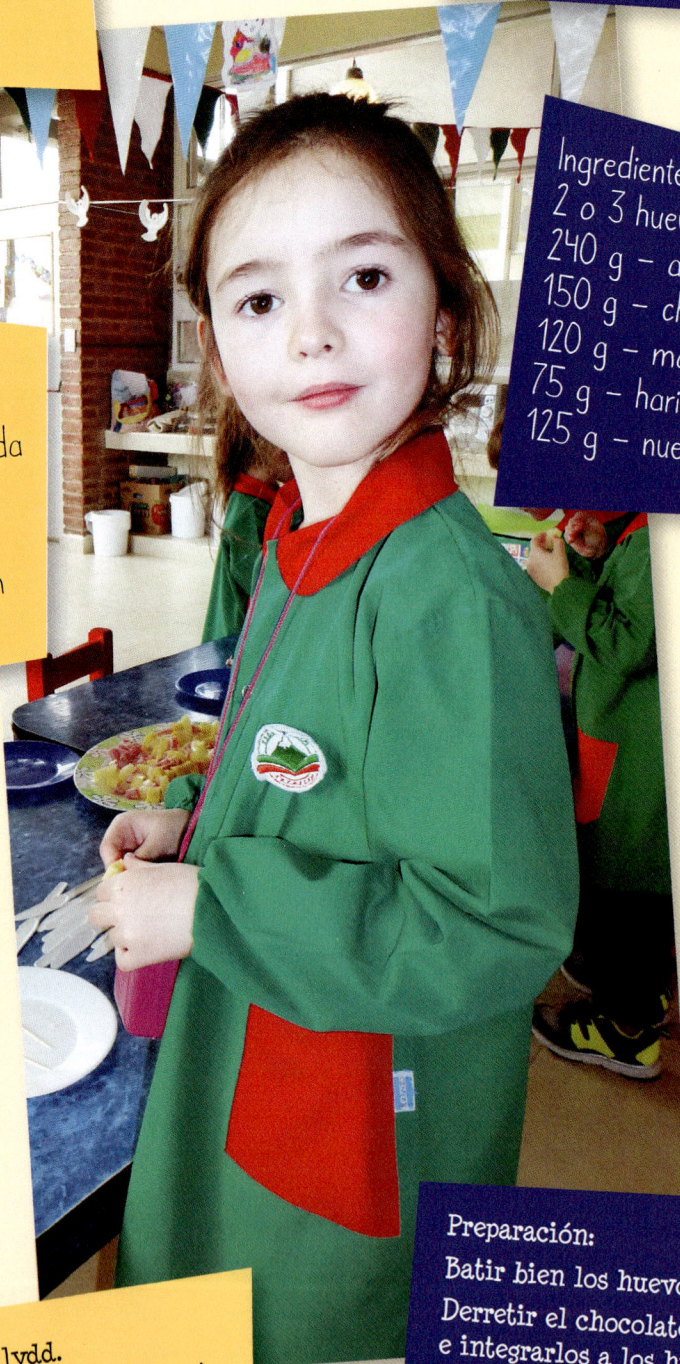

Curwch yr wyau a'r siwgr gyda'i gilydd.
Toddwch y siocled gyda'r menyn a'u hychwanegu at yr wyau.
Ychwanegwch y blawd a'r cnau wedi'u malu.
Arllwyswch y cymysgedd mewn i dun wedi'i iro neu wedi'i leinio â phapur gwrthsaim.
Coginiwch yn y popty ar dymheredd o 190° am 25 munud.
Tynnwch allan o'r popty a thorrwch yn sgwariau.

Preparación:
Batir bien los huevos y el azúcar.
Derretir el chocolate con la manteca e integrarlos a los huevos.
Incorporar la harina y las nueces picadas.
Verter en un molde enmantecado o forrado con papel manteca.
Cocinar en horno 190° durante 25 minutos.
Retirar y cortar en cuadraditos.

Hoff rysáit Ana-Paula – Bisgedi jam llaeth a chnau coco

Receta preferida de Ana-Paula – Galletitas de dulce de leche y coco

Cynhwysion:
300g – blawd 0000
50g – blawd corn
1 llwy fwrdd – blawd codi
3 llwy fwrdd – blawd cnau coco
75g – siwgr
2 wy
50g – menyn
3 llwy fwrdd – jam llaeth

Ingredientes:
300g – harina 0000
50g – almidón de maíz
1 cucharada – polvo para hornear
3 cucharadas – coco rallado
75g – azúcar
2 huevos
50g – manteca
3 cucharadas – dulce de leche

Hidlwch y blawd, blawd corn, blawd codi, blawd cnau coco a'r siwgr.

Toddwch y menyn a'r jam llaeth.

Ychwanegwch yr wyau at y menyn a'r jam llaeth (sydd wedi toddi).

Ychwanegwch yr uchod at y cynhwysion sych. Rhowch y toes yn yr oergell am 10 munud.

Rholiwch y toes, a thorrwch yn gylchoedd. Irwch y tun a rhowch nhw yn y popty ar wres cymedrol am 10 munud.

Tamizar harina, almidón de maíz, polvo para hornear, coco rallado y azúcar.

Derretir la manteca y dulce de leche.

Unir los huevos con la manteca y el dulce de leche (derretidos).

Agregar estos a los ingredientes tamizados.

Llevar la masa a la heladera por 10 minutos.

Extender la masa, cortar las galletas. Colocarlas sobre una bandeja para horno enmantecada.

Llevar a horno moderado por 10 minutos.

Hoff rysáit Emilia – Teisen fanana

Cynhwysion:
200g – menyn
200g – siwgr
3 wy
2 fanana, wedi'u sleisio
2 llwy fwrdd – blawd cnau coco
50g – siocled wedi torri
250g – blawd
1 llwy fwrdd – blawd codi
30g – menyn
2 lwy fwrdd – coffi cryf
3 llwy fwrdd – coco

Curwch y menyn a'r siwgr hyd nes bod y cymysgedd yn hufennog iawn. Ychwanegwch yr wyau (un ar y tro), bob yn ail â'r blawd. Ychwanegwch y siocled, y cnau coco a'r bananas.

Coginiwch yn y popty ar dymheredd cymedrol am 25–30 munud. Unwaith y bydd wedi oeri, toddwch y menyn, ychwanegwch y coffi cryf a'r coco ac arllwyswch y cyfan drosti. Addurnwch gyda chnau coco neu gnau wedi malu.

Receta preferida de Emilia – Torta de banana

Ingredientes:
200grs – manteca
200grs – azúcar
3 huevos
2 bananas en rodajas
2 cucharadas – coco rallado
50grs – chocolate picado
250grs – harina
1 cucharada – polvo para hornear
30 grs – manteca
2 cucharadas – café fuerte
3 cucharadas cacao

Batir manteca y azúcar hasta que esté bien cremoso. Agregarle los huevos de a uno, alternando con harina. Incorporar chocolate, coco y bananas.

Cocinar en horno moderado durante 25–30 minutos. Una vez tibia agregarle manteca derretida mezclada con café fuerte y cacao. Espolvorear con coco rallado o nueces picadas.